Claus Mattheck

Stupsi erklärt den Baum

Ein Igel lehrt die Körpersprache der Bäume

3. erweiterte Auflage

Zeichnungen und Text: Claus Mattheck
Schriftsatz und Layout: Jürgen Schäfer

(c) 1999 by Forschungszentrum Karlsruhe GmbH
Postfach 3640, D-76021 Karlsruhe
ISBN 3-923704-20-8

Inhalt

Verkleinerung der Segelfläche bei Windlast	5
Drehwuchs, mechanisch gesteuert	6
Drehrisse	7
Wipfelersatz und Geotropismus	8
Druckholz in schiefen Nadelbäumen	9
Zugholz in schiefen Laubbäumen	10
Zuwachsstreifen	11
Zuwachsstreifen in Laubbaumästen	12
Zuwachsstreifen in Nadelbaumästen	13
Harfenbäume	14
Schneebruch	15
Windwurf (nicht vollzogen)	16
Schiefe Bäume (Warnsignale)	17
Bündelbäume	18
Zwieselspaltung (Stammkopfrisse)	19
Gewindestangen	20
Druckzwiesel mit großen Ohren	21
Druckzwiesel mit kleinen Ohren	22
Astanbindung und Faserverlauf nach Shigo	23
Stammdurchmesser an Ästen	24

Absinkende Starkäste	25
Ästung auf Saftzieher	26
Astausriß	27
Blitzrinne	28
Abschiedskragen	29
Unglücksbalken	30, 31
Unglücksbalken im Wurzelanlauf	32
Stammbruch nach Wurzelspaltung	33
Schubriß und Rippe	34
Spitznasen- und Stumpfnasenrippe	35
Schubriß	36
Bananenriß	37
Wülste und Beulen infolge Fäule	38
Flaschenhälse infolge Fäule	39
Schlauchknicken hohler Bäume	40
Schonhammer	41
Wulstbildung bei Fäule und Faserknicken	42
Bohrwiderstandsmessgerät	43
Fractometer und Zuwachsbohrer	44
Wackeltest und Bohrkern	45
Weißfäule oder Naßkern im Bohrkern	46
Vergleichsbohrung	47
Grüne, gefährliche Bäume	48

Biberfraß an Bäumen	49
Exzentrische Faulhöhlen	50
Hohle Bäume als Biotop	51
Wassertransport im Baum	53
Feinwurzelschäden und Wipfeldürre	54
Zugwurzelanlauf (windseitig)	55
Brettwurzel	56
Zugwurzelanlauf am schiefen Baum	57
Windwurf gegen die Schieflage	58
Herzwurzler	59
Flachwurzler	60
Pfahlwurzler	61
Stelzenwurzler	62
Wasserleitungen neben Bäumen	63
Biegebelastete Wurzel (Achtform)	64
Zug- und biegebelastete Wurzel (Brettform)	65
Bodenrisse (radial)	66
Bodenrisse (in Umfangsrichtung)	67
Resonanzanregung	68
Bodenrisse ohne Wind	69
Standsicherheitsminderung	70
Leeseitige Mauer	71
Windseitige Mauer	72

Bruchlast von Wurzeln	**73**
Windseitige Rohrleitung	**74**
Leeseitige Rohrleitung	**75**
Eindringende Wurzeln	**76**
Leitungsverstopfungen	**77**
Bäume und Deiche	**78**
Bordsteine	**79**
Schachtschaden	**80**
Würgewurzeln am eigenen Baum	**81**
Würgewurzel am Nachbarbaum	**82**
Saft- und Wasserfluß	**83**
Holzstrahlen und Jahresringe	**84**
Holzmodell	**85**
Spindelförmige Wundheilung	**86**
Holzstrahlen als Querfestiger	**87**
Holzstrahlen als Wundholzhalter	**88**
Holzstrahlen als schlafende Risse	**89**
Druckspannungen in Umfangsrichtung	**90**
Trocknungsrisse entlang der Holzstrahlen	**91**
Wachstumsspannungen in Längsrichtung	**92**
Holzmodell und Wachstumsspannungen	**93**
Hirnrisse nach Fällung	**94**
Holzstrahlen und Astanbindung	**95**

HOLZ IN SCHIEFEN BÄUMEN	96
HOLZ IN ÄSTEN	97
WINDSCHUR	98
BRAUNFÄULE	99
BRAUN- UND MODERFÄULE	100
LIGNINABBAU	101
WEISSFAULES HOLZ	102
JAHRESRINGE NACH VERLETZUNG	103
KISSENBILDUNG BEI KONTAKTLAST	104
HINWEISZEICHEN AN BÄUMEN	105
KUSS DER BÄUME	106
BAUMVERSCHWEISSUNG	107
ANGEBUNDENE BÄUME	108
TIEFE PFLANZUNG	109
LITERATUR	111
TELEFONSERVICE	114

VIII

FÜR STUPSI,
DEN ERDVERBUNDENEN
UND LEBENSKLUGEN ...
FÜR STUPSI,
DER DIE BAUMWURZEL FÜHLT
UND IN DEN AUGEN DER
MENSCHEN LESEN KANN ...
FÜR STUPSI,
DEN SCHWEIGSAM - BEREDTEN
UND EINSAM - GESELLIGEN ...

IM SOMMER, WENN ES RICHTIG HEISS IST, KANN MAN IM SCHATTEN DER BÄUME RADFAHREN ODER BLUMEN SUCHEN. PFLÜCKT ABER NICHT GLEICH ALLE AB!

Im Schatten der Bäume kann man aber auch schlafen, man kann Schmetterlinge beobachten oder seinen Hund spazieren führen. Hunde lieben Bäume auch sehr! Laßt sie aber nicht immer an den Baum pinkeln. Da können die Bäume krank werden.

Man kann auch seine Schularbeiten unter Bäumen machen, wenn es nicht zu windig ist.

Wenn Sturm ist, macht Stupsi sich ganz klein, so wie der Baum. Dann kann der Wind sie nicht so schnell umwerfen. Die Bäume legen auch ihre Äste nach hinten, so wie ein Elefant die Ohren anlegen kann. Bäume, die immer im Sturm stehen, richten sich dann nicht mehr auf. Sie bleiben krumm.

Wenn ein Baum eine einseitige Krone hat, wenn er also mehr Äste auf einer Seite hat als auf der anderen, dann wird er durch den Wind verdreht. Wenn das lange genug dauert, dann legt der Baum seine Holzfasern in die Drehrichtung und paßt sich an. Stupsi zeigt die einseitige Kronenform mit den Händen und wie er verdreht wird, wenn der Wind ihm ins Gesicht weht. Übrigens werden solche Bäume immer fester, je mehr sie verdreht werden. Es ist wie ein Seil, das man immer mehr verdreht.

Wenn der Baum, der so verdreht gewachsen ist, auf einmal falsch herum verdreht wird, dann kann er Drehrisse kriegen wie ein Seil, das man falsch herum verdreht. Das kann passieren, wenn die Windrichtung sich verändert hat.

Deshalb sollen solche Drehwuchsbäume am besten eine symmetrische Krone haben, also auf jeder Seite ungefähr gleich lange Äste.

Manchmal bricht der Sturm den Wipfel von einem Baum ab. Dann hebt der Baum einen Seitenast langsam hoch über den Stamm und baut sich daraus einen neuen Wipfel. Es ist so, als wenn Stupsi den Arm über den Kopf hält – ganz einfach!

Wenn ein Nadelbaum schief ist, bildet er auf der Stammunterseite Holz, was sich ausdehnt. Es drückt den Stamm oftmals wieder hoch, genau wie Stupsi, der ihm dabei hilft.

Solche Bäume heißen auch Säbelbäume, weil sie aussehen wie ein Säbel. Das Holz, das ihn auf der Stammunterseite hochdrückt, heißt Druckholz. Es ist rotbraun.

Wenn ein Laubbaum schief steht, dann drückt er sich nicht hoch, wie es der Nadelbaum macht, sondern baut auf der Stammoberseite Zugholz an, das sich zusammenzieht. Damit kann sich der schiefe Laubbaum wieder hochziehen. Stupsi hilft ihm natürlich dabei mit seinem Seil. Das Zugholz ist weiß und schimmert wie ein Nylonhemd. Junge Bäume können sich extrem verbiegen.

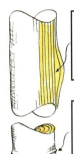

LOKAL HOHE SPANNUNG BEWIRKT VERDICKTEN JAHRESRING

LOKALES DICKENWACHSTUM BEWIRKT QUERFALTEN IN DÜNNHÄUTIGEN BÄUMEN z.B.: BUCHE

VERBREITERTE ZUWACHSSTREIFEN ZWISCHEN DEN BORKENPLATTEN DICKHÄUTIGER BÄUME z.B.: PAPPEL, EICHE

HIER MACHT STUPSI SICH ZUM SPASS GANZ DICK. DA PLATZT SEIN HEMD AUF UND ZIEHT AUCH FALTEN. GENAUSO GEHT ES DER RINDE DER BÄUME, WENN DIE BÄUME ZU SCHNELL WACHSEN. DAFÜR GIBT ES VERSCHIEDENE GRÜNDE.

Der linke Ast bildet fleißig Zugholz, und man sieht die hellen Zuwachsstreifen auf der Astoberseite. Stupsi zeigt, wie gut er sich hochzieht. Der rechte Ast bildet kein Zugholz mehr, er sinkt langsam ab und baut unten Holz an, das auf Druck belastet wird. Darum hat er die hellen Zuwachsstreifen zwischen den Borkenplatten auf der Unterseite. Stupsi zeigt, wie er absinkt. Das gilt nur für Laubbäume.

Dieser Nadelbaum ist tüchtig, meint Stupsi. Der Wipfeltrieb ist abgebrochen, und nun bildet der Seitenast unheimlich viel Druckholz auf der Unterseite, um sich hochzudrücken und neuer Wipfel zu werden. Das sieht man bei Nadelbäumen an den Zuwachsstreifen auf der Baumunterseite, wo dem Nadelbaum die Rinde zu eng wird. Zuwachsstreifen auf der Astunterseite sind also bei Nadelbäumen gut, bei Laubbäumen aber schlecht – sagt Stupsi.

Wenn ein schiefer Baum sich nicht mehr selber hochdrücken oder hochziehen kann, weil er vielleicht zu dick ist oder einfach keine Kraft mehr hat, dann merken das die Äste irgendwie. Sie wachsen dann selber kerzengerade hoch. Das sieht dann aus wie eine Harfe, wo die Äste Saiten sind. Stupsi zupft an seiner selbstgebastelten Harfensaite und die Äste hören zu. Solche Bäume heißen Harfenbäume.

Manchmal neigt sich ein Baum vor, um besonders viel Licht abzukriegen. Wenn es dann sehr viel nassen Schnee gibt, dann wird er oft niedergebogen, so wie Stupsi unter seiner schweren Schneemütze. Manche Bäume brechen dann oder sie kommen einfach nicht mehr hoch und bleiben krumm. Dann können sie aber immer noch ein Harfenbaum werden, der auch lustig aussieht.

Wenn der Sturm einen Baum gerade erst schiefgestellt hat, dann ist er gefährlich. Man darf dann nicht unter ihm spazieren gehen oder spielen. Er hat dann noch einen geraden Stamm, weil er noch keine Zeit hatte, sich aufzurichten. Meistens sieht man die Erde eine Stufe machen, wo die Wurzeln hochgehoben wurden. Wenn das alles schon lange her ist, dann hatte der Baum genug Zeit, sich hochzubiegen. Das kann 10 Jahre dauern. Dicke Bäume brauchen am längsten! In dieser Zeit macht der Baum auch neue Wurzeln und die Erdstufe ist dann kaum noch zu sehen. Dann kann man wieder unter ihm sitzen, ohne daß man Angst hat.

Wenn ein schiefer Baum immer schiefer wird, dann platzt ihm auf seiner oberen Seite die Rinde ab, oder man kann sie leicht mit der Hand abmachen. Manchmal ist die Oberseite ganz nackig. Auf der Unterseite legt der Baum seine Rinde in Falten wie eine Ziehharmonika. Dort drückt es ihn richtig zusammen. Solche Bäume können umfallen, man darf dann nicht mehr unter ihnen spielen.

Stupsi hatte mal Besuch von einem kleinen Bären. Die saßen zusammen auf einem Hocker und erzählten und aßen. Der Bär aß so viel, daß er keinen Platz mehr auf dem Hocker hatte, weil er so dick wurde und er fiel herunter. So ist es auch mit den Bündelbäumen. Zuerst, wenn sie dünn sind, haben sie genügend Platz, aber wenn sie immer dicker werden fallen sie auseinander. Vorher staucht sich die Rinde auf der Unterseite der schiefen Bäume. Daran sieht man, daß sie sich auseinanderquetschen.

Wenn zwei Baumstämme gegeneinander drücken und eine spitze Baumgabel bilden, dann ist zwischen den beiden Stämmen die Rinde.
Wenn die Stämme sich voneinander wegbiegen, kann ein Riß nach unten laufen. Manchmal sieht man vorher Rindenfalten auf der Außenseite der Baumgabel. Baumgabeln mit Riß sind gefährlich. Man kann die Bäume aber zusammenbinden, damit sie nicht ganz auseinanderbrechen.

Man kann eine gespaltene Baumgabel mit Gurten oder Seilen manchmal oben wieder zusammenbinden. Unten kann man sie mit Stangen wieder zusammenschrauben. Die Stangen wachsen ein, so daß man sie nach ein paar Jahren gar nicht mehr sieht. Manche Bäume leben dadurch 100 Jahre länger. Man darf die Stangen aber nur nehmen, wenn es wirklich nötig ist, also wenn wirklich ein Riß zwischen den Stämmen sich schon gebildet hat.

GROSSE OHREN

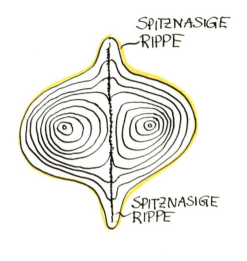

SPITZNASIGE RIPPE

SPITZNASIGE RIPPE

Wenn eine solche spitze Baumgabel viel Rinde zwischen den Stämmlingen hat und nur wenige Jahresringe die beiden Stämmlinge zusammenbinden, kann die Gabel leicht auseinanderbrechen. Die Rinde zwischen den Stämmlingen wirkt wie ein Riß und daher bildet sich auch auf jeder Seite eine spitznasige Rippe. Von der Seite sieht die Baumgabel dann aus, als hätte sie große Ohren.

Hier ist nur wenig Rinde zwischen den Stämmlingen eingeschlossen und viele Jahresringe binden die beiden Stämmlinge der Baumgabel zusammen. Die Rippen vor den Enden der eingeschlossenen Rinde, die wie ein Riß wirkt, sind daher stumpfnasig. Die Baumgabel hat nur kleine Ohren und ist viel weniger gefährlich als eine Baumgabel mit großen Ohren. Die besten Baumgabeln haben überhaupt keine eingeschlossene Rinde zwischen den Stämmlingen und bilden dann auch gar keine Ohren.

Stupsi zeigt, wie ein Ast am Baum angebunden ist. Also! Vor dem Sommer wachsen erst die Astfasern und diese werden im Stamm nach unten umgelenkt. Danach legt der Baumstamm seine Holzfasern wie Seile um den Ast und bindet ihn so jedes Jahr im Sommer mit einer neuen Schlinge fest.

Ein Baum macht unter einem dicken Ast auch einen dickeren Stamm, weil er dort das schwere Gewicht von dem Ast tragen muß. Dagegen ist der Stamm über der Astanbindung dünner, weil er dort von dem schweren Astgewicht noch nichts merkt. So baut der Baum Holz nur dort hin, wo es gebraucht wird, wo also hohe Belastungen sind. Stupsi schiebt auch seinen Bauch etwas vor – genau wie der Baum. Das Gesetz, das solche Durchmessersprünge beschreibt, heißt "Axiom der konstanten Spannung".

Wenn ein dicker Ast langsam nach unten sinkt und bald aus dem Stamm herausbricht, kann man das manchmal an der Rinde unter dem Ast sehen. Die faltet sich dann nämlich zusammen wie eine Ziehharmonika. Es kommt aber keine Musik heraus. Unter solchen Ästen sollte man lieber nicht spielen. So einen Baum kann man noch retten, wenn man den Ast kürzer macht. Bei Platanen sind solche Stauchungen weniger schlimm als z.B. bei Pappeln.

Wenn ein Ast langsam absinkt, kann man ihn sicherer machen, wenn man sein Ende absägt. Am besten an einem Seitenast, der den Rest noch ernähren kann.

Wenn man einen Ast, der langsam absinkt, nicht kürzer macht, dann kann er aus dem Stamm herausreißen und runterfallen. Die Wunde sieht dann oft aus wie eine Blitzrinne. Sie geht aber nicht von oben bis unten. Die Wurzeln unter der Wunde werden nicht mehr gefüttert, weil der Ast abgerissen ist, der sie mit seinen Blättern ernährt hat.

WENN EIN NACKIGER STREIFEN VON EINEM AST GANZ OBEN BIS GANZ UNTEN IN DIE WURZEL HINEIN DEN BAUM HERUNTERLÄUFT, DANN IST DAS MEISTENS EINE "BLITZRINNE". DA HAT NÄMLICH EIN BLITZ EINGESCHLAGEN UND DER HEIZT DEN SAFT UNTER DER RINDE SO HEIß AUF, DAß ALLES ABPLATZT. ES IST SO ÄHNLICH WIE BEI EINEM DAMPFKOCHTOPF, WO DER DECKEL WEGFLIEGT, UND HIER FLIEGT EBEN DIE RINDE WEG, WEIL DURCH DEN BLITZ DER SAFT KOCHT.

Wenn ein Baum einen alten Ast nicht mehr so richtig gebrauchen kann, dann baut er einen Abschiedskragen um ihn. Der hat am Ende eine scharfe Kerbe. Stupsi zieht mit dem Spazierstock am alten Ast und zeigt, daß der Ast meistens genau am Abschiedskragen bricht. Dort soll man solche alten Äste absägen, aber nicht in den Abschiedskragen hineinsägen! So kann der Baum schnell die Wunde verheilen.

NACH OBEN GEBOGENE ÄSTE WERDEN MANCHMAL ZUM "UNGLÜCKSBALKEN". WENN MAN AN IHNEN SCHAUKELT, KANN ES PASSIEREN, DAß SIE DER LÄNGE NACH AUFSPALTEN. MANCHMAL BRECHEN SIE DANACH VOLLSTÄNDIG AB.

Man darf auch nie eine Stütze unter das Knie von einem Unglücksbalken stellen. Dann kann er besonders leicht brechen.

Manche Bäume haben auch einen Unglücksbalkenriß im Wurzelansatz. Stupsi erklärt mit seinem selbstgebastelten Modell, wie alles so passiert. Manchmal kommt Fäule zu solchen Rissen rein. Dann kann der Baum umfallen. Da wo die Risse entstehen, hat der Baum besonders festes Holz. So will er die Risse verhindern. Manchmal reißt es aber eben trotzdem.

Bei Bäumen, die flache Wurzeln haben, kann der Sturm ein Seil von Holzfasern auf der Windseite abspalten. Wenn dieses Seil dann beim nächsten Windstoß ruckartig straff gezogen wird, kann der Baum in Höhe der oberen Seilanbindung brechen, also da, wo das "Seil" oben angebunden ist. Stupsi macht es vor!

Wenn ein Baum einen Riß im Stamm hat, flickt er ihn wieder zu und baut eine lange Rippe. An der Rippe sieht man dann, daß dahinter ein Riß ist.

Wenn ein Baum innen einen Riß drin hat, baut er vor der Rißspitze eine Rippe. Wenn der Riß lang ist und immer wieder aufreißt, wird auch die Rippe immer länger, immer spitznasiger. Wenn dagegen der Riß von vielen Jahresringen verschlossen wird, sieht die Rippe eher rund aus, so wie die Nase von einer Bulldogge.

Wenn der Baum keine Zeit hat, eine Rippe vor dem Riß zu bilden, dann rutschen die beiden Baumhälften aufeinander ab, wie die zwei Bretter, die Stupsi umwirft. Risse in schiefen Bäumen sind besonders schlimm.

BANANENRISS

STUPSI BIEGT EINE KRUMME BANANE GERADE. DA BEKOMMT SIE AUF DER UNTERSEITE EINEN RIß. GENAUSO KANN EIN BAUM EINEN RIß KRIEGEN, WENN ER KRUMM IST WIE EINE BANANE UND GERADE GEBOGEN WIRD. SOLCHE RISSE IN BÄUMEN HEIßEN DAHER AUCH "BANANENRISSE".

Wenn ein Baum eine dicke Beule am Stamm hat, dann repariert er sich. Meistens ist ein Loch dahinter. Damit es nicht zu hohl wird, versucht der Baum die Wandstärke neben dem Loch dicker zu machen. So ist eine Beule oftmals ein Warnsignal, das auf eine Faulhöhle hinweist. Manche Bäume sehen damit aus wie eine Schlange, die gerade einen Frosch verschluckt hat.

Wenn ein Baum hohl ist, wird er meistens dick, und zwar da, wo er hohl ist. Da wächst mehr Holz, damit der Baum nicht kaputt geht.

Wenn ein Baum hohl ist, muß man ihn nicht immer gleich fällen. Man kann ihn auch kürzer machen, dann kann er im Sturm nicht so schnell brechen. Es ist wie bei einem Segelboot, wo man die Segel herunterholt, wenn es stürmt. Am Baum wachsen dann ganz unten neue Äste mit viel Laub.

WENN EIN BAUM MEHR ALS 70% VOM STAMMRADIUS HOHL IST, DANN KANN ER EINKNICKEN WIE EIN GARTENSCHLAUCH. STUPSI MACHT ES MIT EINEM STÜCKCHEN GARTENSCHLAUCH VOR. DER HOHLE BAUM VERSAGT ALSO DURCH SCHLAUCHKNICKEN. MAN MUSS ABER NICHT ALLE BÄUME FÄLLEN, DIE 70% HOHL SIND. WENN MAN SIE ETWAS KÜRZER MACHT, KANN MAN SIE NOCH VIELE JAHRE STEHEN LASSEN.

STUPSI HAUT MIT EINEM GUMMIHAMMER AUF EINE BEULE AM BAUM, WO WAHRSCHEINLICH FÄULE DAHINTER IST. DER KLANG BEIM KLOPFEN IST DUMPF. HAUT MAN ABER UNTEN HIN, WO KEINE FAULHÖHLE IST, KLINGT ES GANZ HOCH, WIE GESUNDES HOLZ NUN MAL SO KLINGT. SO KANN MAN FAULHÖHLEN BESTÄTIGEN. STUPSI MEINT ABER, DASS MAN DEM HAMMER NICHT IMMER TRAUEN KANN. MANCHMAL GIBT ES NÄMLICH EINEN HOHEN TON BEIM KLOPFEN, UND ES IST TROTZDEM FÄULE DRIN. WENN ES ABER TIEF KLINGT, DANN STIMMT ES MEISTENS, DASS FÄULE IM HOLZ IST. MANCHMAL KLINGT ES ABER TIEF UND ES IST NUR EIN RINGRISS IM BAUM (FOTO).

Manchmal haben die Bäume dicke Bäuche. Dann reparieren sie irgendeinen inneren Schaden. Wenn die Berandung ein weicher Übergang ist, dann ist meistens Fäule im Baum. Wenn dagegen die Holzfasern ein bißchen gestaucht sind, dann macht der Baum einen Bauch mit stufenartiger Berandung. Es sieht aus, als hätte er einen Schwimmring um. Das Holz heißt Wulstholz. So erzählen Bäume in ihrer Körpersprache, was ihnen fehlt. Die Methode für solche Baumkontrollen heißt VTA (Visual Tree Assessment). Das heißt deutsch soviel wie: Sichtkontrolle.

Hier hat Stupsi sein Bohrwiderstandsmessgerät in der Hand und mißt die Wandstärke von einem hohlen Baum. Dieses Messgerät ist eine kluge Bohrmaschine mit einer ganz dünnen Bohrnadel. Und wenn die Nadel in faules Holz reinbohrt, geht es auf einmal ganz leicht. Und das schreibt das Bohrwiderstandsmessgerät alles auf einen Papierstreifen. Der Baum hier ist noch sicher, sagt Stupsi. Er hat es mit dem Messgerät herausgekriegt. – Der Baum lacht ein bißchen, weil die Nadel so kitzelt und auch, weil er noch lange stehen bleiben kann.

Wenn ein Baum zum Beispiel faules Holz hat, dann kann man mit einem hohlen Bohrer ein kleines Holzstäbchen herausholen. Solche Bohrer heißen Zuwachsbohrer, und die Stäbchen heißen Bohrkerne. Stupsi prüft jetzt die Festigkeit von dem Holzstäbchen mit dem Fractometer, einer Taschenholzprüfmaschine. Die zieht man auf wie einen Wecker, und sie verbiegt den Holzstab immer mehr, bis er bricht. Wenn er leicht bricht, haben die Pilze das Holz schon sehr kaputt gemacht. So ein Baum kann dann umfallen.

Hier hat Stupsi mit dem Zuwachsbohrer einen Bohrkern, also ein Holzstäbchen, aus einem Baum herausgeholt, weil der Baum unten einen dicken Bauch hat. Wenn man keinen Fractometer dabei hat, kann man zur Not auch den Bohrkern durch den Wackeltest überprüfen. Stupsi faßt dazu den Bohrkern an einem Ende und wackelt mit der Hand hin und her. Wenn der Bohrkern gleich bricht, und ein Ende wegfliegt, dann ist das Holz nicht fest. Wenn aber der Bohrkern wie ein Gummischlauch hin- und herschwingt, dann ist das Holz noch ziemlich fest und zäh.

Pappeln haben oft einen Naßkern. Da ist das Holz unten im Stamm ganz naß. Stupsi meint, das kommt von Bakterien. Das Holz wird dann ganz weich und zähe. Es stinkt auch ein bißchen. Solche Bäume braucht man nicht zu fällen. Sie sind meist sicherer als Bäume ohne Naßkern. Einen Bohrkern, den man mit dem Zuwachsbohrer aus dem nassen Holze herausgeholt hat, kann man manchmal biegen wie ein U. Stupsi macht es vor. Einen Bohrkern aus Holz mit einer Weißfäule kann man auch manchmal so biegen, aber er stinkt nicht so wie Naßkern.

Wenn man nicht weiß, wie fest das Holz neben einer Faulhöhle sein muß, dann kann man weiter oben im gesunden Holz einen anderen Bohrkern zum Vergleich heranziehen. In der Restwand neben der Faulhöhle muß das Holz fester sein als oben. Wenn der Baum noch leben will, nimmt er für seine Reparatur nämlich das beste Holz, was er zustandebringt. Man kann auch mit dem Bohrwiderstandsmessgerät bohren.

Um schön grün zu sein und viele Blätter zu haben, braucht ein hohler Baum nur eine so dünne Stammwand. Um auch bei Sturm sicher stehen zu können, braucht ein Baum aber eine viel dickere Stammwand. Auf so einem Querschnitt lehnt Stupsi. Wenn ein hohler Baum dünne Wände hat, kann er ausknicken. Das sieht man oft vorher an Falten in der Rinde. Dann muß man ihn schnell kürzer machen, sonst geht er kaputt.

Bei diesem Baum haben die Biber die Hälfte vom Stamm weggefressen. Dann kann ein Baum umfallen. Stupsi darf nicht viel länger an diesem Platz stehen bleiben. Bäume, denen der halbe Stammquerschnitt fehlt, kann man nicht stehen lassen. Man muß sie kürzer machen oder sie fällen und einen neuen Baum hinpflanzen.

Wenn ein Baum eine Faulhöhle hat, die größer als 70% vom Stammradius ist, dann kann er brechen. Wenn die Faulhöhle nicht genau in der Mitte ist, dann muß man die 70% anders ausrechnen. Das ist aber eigentlich nur nötig, wenn die Faulhöhle über die Mitte vom Stamm geht, meint jedenfalls Stupsi. Er weiß das von den Biberfreßwunden. Ja, so ist das! Beide Bäume kann man so nicht stehen lassen. Man muß ihre Segelfläche kleiner machen.

Der hohle Baum kann noch lange stehen bleiben, wenn man ihn kürzer gemacht hat. So kann er noch lange unser Freund sein. Auch können viele Tiere in ihm wohnen, die auch alle seine Freunde sind.

Stupsi spielt auch gerne in hohlen Bäumen. Manchmal sitzt dann ein kleiner Vogel auf seinem Finger und erzählt von dem alten Baum. Der Baum hört dann selber zu, ob auch alles stimmt, was der Vogel erzählt. Manche dicken, kurzen, alten Bäume leben viel länger als hohe Bäume. Viele werden 1000 Jahre alt, hat der Vogel erzählt.

Die Wurzeln trinken für den Baum. Ganz oben schwitzen die Blätter in der Sonne und saugen das Wasser nach oben. Es steigt in der äußeren Holzschicht nach oben. Wenn die Sonne zuviel von den Blättern trinkt, werden die Blätter welk und die Äste sinken müde nach unten. Manchmal können sie sogar abbrechen. Das passiert meistens, wenn es viele Tage sehr heiß war. Man darf nicht auf den Wurzeln herumtrampeln oder gar mit dem Auto darüber fahren. Da gehen sie kaputt. Manchmal ersticken sie auch.

Wenn ein Baum kranke Wurzeln hat, kann er nicht mehr so viel trinken, und seine oberen Äste sterben ab. Oft wachsen dann auf den unteren Ästen lauter kleine Bäumchen, von denen der Baum oft noch lange leben kann. Darum soll man die unteren Äste nicht absägen. Sie sind nämlich die Altersversorgung der Bäume, sagt Stupsi. Die kleinen Bäumchen auf den alten Ästen heißen auch "Reiterbäumchen". Stupsi zeigt, wie der Baum sie hält. Mit ihnen fängt er ein neues Leben an.

Auf der Windseite haben die Bäume fast immer die dickste und längste Wurzel. So erzählen uns die Bäume woher der Wind meistens weht. Es ist besonders schlimm für den Baum, wenn diese lange Wurzel abgehackt wird oder faul ist. Auf der Windseite soll auch kein Graben sein, weil der Baum dann keine Erde für diese lange Wurzel hat.

Auf der Windseite haben manche Bäume sogar eine Brettwurzel. Diese verbindet den Baum fest mit der Erde und hält ihn gegen den Wind, so wie Stupsi mit seinem Seil. Auch Bäume ohne Brettwurzel haben auf der Windseite immer die dickste Wurzel. Wenn diese verletzt wird oder fehlt, ist es schlimm für den Baum. Dann kann er umfallen.

Die wichtigste Wurzel für schiefe Bäume ist die Zugseilwurzel auf der Oberseite, wo Stupsi sich gerade dahinter versteckt. Sie ist meist länger und dicker als alle anderen Wurzeln. An diesem Wurzelseil hält der Baum sich fest, wenn das Gewicht der Krone ihn nach unten ziehen will. Solche wichtigen Wurzeln darf man nicht kaputt machen, und man darf auch nicht mit dem Rasenmäher darüber fahren und sie verletzen.

Wenn ein schiefer Baum vom Wind auf einmal hochgebogen wird, kann er leicht umfallen. Seine Zugseilwurzel kriegt dann auf einmal Druck ab, genau wie das Zugseil von Stupsi. Auf einem Seil kann man sich nun mal nicht abstützen. Der Baum wird auf eine Weise belastet, an die er nicht gewöhnt war.

Stupsi macht vor, wie ein Herzwurzler in der Erde ankert. Auf der Seite, wo der Wind weht, gehen Wurzeln wie lange Seile tief in die Erde. Sie sind sehr wichtig für den Baum. Auf der Seite gegenüber drücken die Wurzeln auf die Erde, wie Stupsi mit seinem Fuß. Gesunde Herzwurzelbäume werden nur ganz selten vom Wind umgeworfen, es sei denn die Erde ist sehr nass.

Hier erklärt Stupsi, warum Bäume mit flachen Wurzeln so leicht vom Sturm umgeworfen werden. Sie stehen wie Stupsi auf seinem Brett. Auf der Windseite können sie leicht angehoben werden und dann umfallen. Nach einem Sturm liegen im Wald viele umgeworfene Fichten, die auch Flachwurzler sind.

Manche Bäume haben eine Pfahlwurzel, z.B. die Kiefer. Stupsi zeigt, wie fest ein Pfahl in der Erde verankert ist, wenn man an ihm biegt. Genauso sind Pfahlwurzler in der Erde befestigt und halten meistens gut aus, wenn der Wind sie umwerfen will.

Der kleine Baum ist auf einem alten Baumstumpf aufgewachsen, der nun aber langsam unter ihm wegfault. Jetzt muß der kleine Baum schnell dicke Wurzeln machen, damit er auf diesen Stelzen alleine stehen kann, wenn der Stumpf vollkommen weg ist. Solche Bäume heißen auch Stelzenwurzler. Stupsi zeigt, daß dies eine wacklige Sache ist.

Wenn ein Wasserhahn neben einem Baum aus der Erde guckt, liegen Rohre in der Erde. Oft sind beim Verlegen von den Rohrleitungen Wurzeln abgehackt worden. Dort kann dann Fäule in den Baum reinkommen und man sollte prüfen, ob der Baum einen faulen Stammfuß hat.

ACHTFORM VOM WURZELQUERSCHNITT

STUPSI ZIEHT UNTERIRDISCH QUER AN EINER WURZEL, UND DIESE BIEGT SICH. WURZELN, DIE IMMER SO GEBOGEN WERDEN, SEHEN IM SÄGESCHNITT AUS WIE EINE ACHT. WURZELN DIE AUF REINE BIEGUNG BELASTET WERDEN, BILDEN EINEN ACHTFÖRMIGEN QUERSCHNITT. FAST WIE EIN I-BALKEN IM BAUWESEN.

Hier zieht Stupsi unterirdisch schräg an einer Wurzel. Da wird die Wurzel nach unten gebogen und in Längsrichtung gezogen. Solche Wurzeln wachsen nur noch auf der Oberseite zu und können sogar eine Brettwurzel bilden. So kann einem der Sägeschnitt von einer Wurzel erzählen, wie sie immer belastet worden ist. Und es ist auch immer wahr, was die Bäume in ihrer Körpersprache erzählen. Die Bäume lügen nicht, sie lügen niemals!!

Wenn ein Riß im Boden wie ein Strahl vom Baum wegläuft, dann wird meistens eine lange Wurzel auf der Windseite hochgehoben, die nur weit weg vom Stamm viele Seitenwurzeln hat. Das ist, als wenn man ein vergrabenes Seil hochhebt. Stupsi macht es vor!

Wenn sich auf der Windseite von einem Baum Halbkreisrisse bilden, dann ist der Baum schon ein bißchen aus der Erde herausgerissen worden. Sein Wurzelballen macht so eine ähnliche Bewegung wie Stupsi mit seinem Rollbrett, nur daß der Baum nicht so viel Spaß dabei hat! Im Gegenteil, so ein Baum kann leicht umfallen und ist sehr gefährlich. Solche Bodenrisse bedeuten immer, daß der Baum der Windlast nicht mehr so richtig widerstehen kann. Manchmal kann man ihm dann helfen, indem man ihn kürzer macht. Dann hat er weniger Segelfläche und verträgt den Wind besser.

Wenn Stupsi seinen Boxsack genau im richtigen Moment anstupst, dann schwingt er immer wilder. Man muß ihn anstupsen, wenn der Sack selber zurückschwingen will, dann schaukelt sich alles auf.

Wenn der Wind einen Baum anschubst, wenn er selber auch in Windrichtung schwingt, dann ist das sehr gefährlich. Da können auch völlig gesunde Bäume brechen oder umgeworfen werden. In der Physik heißt so ein Anschubsen: "Resonanzanregung". Das ist aber nicht so wichtig. Hauptsache wir verstehen, was Stupsi meint.

Wenn ein Baum in einer zu kleinen Baumscheibe aus Erde wohnt, dann kann er den Asphalt vom Gehweg kaputt machen oder Pflastersteine anheben. An den Asphaltrissen kann man sehen, wo die Wurzeln besonders in die Dicke wachsen. Meistens verzweigen sich auch die Wurzeln da, wo sich die Risse verzweigen, vermutet Stupsi. Wenn die Risse nur auf der Windseite sind, kann es auch sein, daß der Wind die Wurzeln hochhebt.

Ein Baum, der mit der Hälfte seiner Wurzeln über einem Bach hängt, ist nicht mehr sicher, auch wenn er gerade noch steht. Stupsi hat oft schon solche Bäume gesehen. Das Wasser hat ihnen die Erde unter den Füßen weggespült. Wenn auf der Windseite so viele Wurzeln fehlen würden, wäre der Baum schon lange umgefallen. Auch bei dem Baum hier zeigen die vielen Risse im Boden, daß er nicht mehr lange stehen wird.

Der Baum wurde zu nahe an eine Mauer gepflanzt. Die Mauer soll eine Bodenstufe befestigen. Als der Baum immer größer wurde, drückten auch seine Wurzeln immer mehr gegen die Mauer. So kriegte sie viele Risse, und ein Stein fiel schon fast Stupsi auf den Fuß. Stupsi hat versucht die Mauer abzustützen, aber er ist zu klein. Bäume brauchen eben ihren Lebensraum.

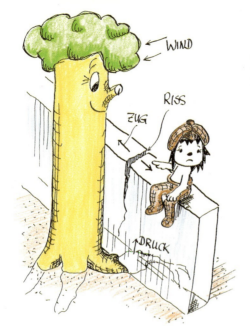

WENN EINE GANZ DICKE WURZEL UNTER EINER MAUER HINDURCHGEWACHSEN IST, KANN ES SEIN, DAß SIE DIE MAUER ETWAS ANHEBT. WENN EINE WURZEL IN DIE DICKE WÄCHST, KANN SIE SCHWERE LASTEN HEBEN. DIE MAUER KRIEGT DANN ZUGRISSE AUF DER OBERSEITE. STUPSI HAT DIE URSACHE GLEICH ERKANNT, WEIL DIE RISSE OBEN AUF DER MAUER BEGONNEN HABEN. ÜBRIGENS, WENN DER WIND SO WEHT, WIE ER EINGEZEICHNET IST, DANN HEBT AUCH DER WIND DIE WURZEL AN UND DAMIT AUCH DIE MAUER.

Eine Baumwurzel kann gewaltige Lasten tragen. So kann man mit einer nur 4 cm dicken Wurzel zwei Elefanten gerade noch hochheben. Das muß man sich mal vorstellen! Deshalb darf man bei Bäumen keine Wurzeln abhacken. Am besten man gräbt überhaupt keinen Graben oder so etwas neben Bäumen.

Wenn auf der Windseite von einem Baum eine Rohrleitung in der Erde vergraben ist, dann bilden die Bäume eine Wurzelschlinge und heben das Rohr bei jedem Windstoß hoch. Dann kann es oben reißen. Stupsi erklärt mit seinem Jojo wie alles geht. Der Baum freut sich über das Rohr und macht die Schlingenwurzel besonders dick, weil er sich damit gut in der Erde festhalten kann. Das Rohr kann dabei aber kaputt gehen.

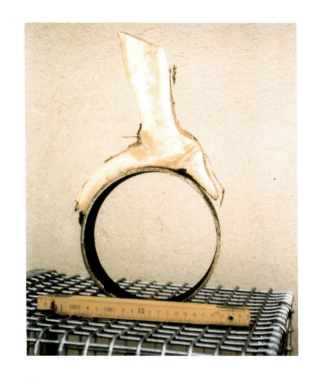

Wenn das Rohr aber nicht auf der Seite vom Wind vergraben ist, dann bildet der Baum ein Sofakissen aus einer Wurzel und stützt sich auf dem Rohr ab, so wie Stupsi mit seinem Arm auf der Erde. Da kann das Rohr auch kaputt gehen. Aber diese Druckwurzel ist nicht so gefährlich wie die Zugschlinge auf der Windseite, die Stupsi vorhin mit dem Jojo erklärt hat.

Hier ist eine Wurzel oben in eine Bierflasche hineingewachsen, die zerbrochen in der Erde gelegen hat. Man hat sie beim Umgraben gefunden. Lustig ist, daß die Wurzel dann noch durch den Verschluß wieder herausgewachsen ist. Sie hat sich durch den engen Spalt neben dem Gummiring gequetscht, so wie das Seil sich zwischen Stupsis Hände quetscht. Da sieht man, was für eine Kraft so eine Wurzel hat. Sie kommt daher auch oft leicht in Wasserrohre rein. Im Gebirge hat Stupsi schon gesehen, wie eine Wurzel von einer Kiefer eine Felswand auseinandergesprengt hat.

Stupsi guckt in ein Abflußrohr, wo auf einmal kein Wasser mehr rauskommt. Er entdeckt, daß ein Baum mit seiner Wurzel aus dem Rohr trinkt. Das schmeckt so gut, daß er ganz viele Wurzeln in dem Rohr gemacht hat und es verstopft. Auch sind die Rohrwände schön kühl und feucht und viele kleine Wurzeln legen sich wie ein Netz über sie. Die Pappelbäume, Weiden und Roßkastanien trinken am liebsten aus den Rohren.

Wenn ein Baum auf einem Deich steht und er faule Wurzeln hat, dann kann das Wasser wie in einem Rohr in den Deich laufen und leichter auf der anderen Seite heraussickern, wenn Hochwasser kommt. In der aufgeweichten Erde kann der Baum auch umfallen und ein Loch in den Deich reißen. Wenn die Wurzeln sich in der Erde bewegen, weil der Wind am Stamm biegt, dann können sie auch Wasser in die Erde pumpen.

Wenn ein Bordstein neben einem großen alten Baum gesetzt wird, dann hackt man ihm meist auch die Wurzeln ab. Auch wenn keine Fäule reinkommt, kann der Baum schon umfallen. Das gilt besonders, wenn der Stein auf der Windseite ist und man dem Baum die Zugseilwurzeln abgehackt hat.

Aber auch wenn er nicht gleich umfällt, kann später Fäule reinkommen und der faule Stammfuß kann brechen. Auf dem Foto ist zwar der Stamm noch sicher, aber die Wurzeln darunter sind alle faul und darum wurde der Baum gefällt.

Wenn man einen Graben zu nahe an einem Baum gräbt, dann hackt man dicke Wurzeln ab, die der Baum zum Leben braucht. Besonders schlimm ist es, wenn die Wurzeln längs spalten. Oft kommt Fäule in den Stamm rein. Manchmal kann der Baum dann sogar brechen und umfallen. Am schlimmsten ist es, wenn man nicht mit dem Spaten, sondern mit dem Bagger gegraben hat, weil da die Wurzeln besonders schlimm spalten.

Manchmal legt sich eine Wurzel vom gleichen Baum über eine andere Wurzel und quetscht diese immer mehr. Solche Wurzeln heißen Würgewurzeln. Stupsi zeigt mit seinem Seil wie es geht. Wenn sie noch nicht so alt sind, soll man Würgewurzeln lieber absägen, weil die Wurzel darunter dann wieder trinken kann.

Manchmal kann ein Baum mit seiner Wurzel auch die von einem Nachbarbaum quetschen. Es sieht dann so aus, als wäre es Absicht. Da Bäume Würgewurzeln auch über eigene Wurzeln legen, meint Stupsi, daß es bestimmt ein Zufall ist. Hier will er die Bäume ein bißchen auseinander schieben, damit jeder mehr Platz hat. Stupsi ist aber noch zu klein dazu.

BÄUME LEBEN EIGENTLICH NUR AN DER STAMMOBERFLÄCHE. DA LÄUFT DER LEBENSSAFT IM BAST UNTER DER BORKE NACH UNTEN. DIE BLÄTTER BAUEN DIESEN SAFT AUS SONNENLICHT, LUFT UND WASSER. DAS WASSER STEIGT IN DEN ÄUßEREN JAHRESRINGEN NACH OBEN. ES WIRD MIT DEN WURZELN IN DER ERDE AUFGENOMMEN. DER BAST WIRD NACH AUßEN ZUR BORKE, UND DAS KAMBIUM BAUT NACH AUßEN NEUEN BAST UND NACH INNEN NEUE JAHRESRINGE AUS HOLZ.

WENN MAN AUF EINEN BAUMSTUMPF GUCKT, DANN KANN MAN DIE JAHRESRINGE SEHEN. JEDES JAHR MACHT EIN BAUM SO EINEN RING. IN JAHREN, WO ES WENIG REGNET, IST DER JAHRESRING SEHR DÜNN. WENN ES VIEL REGNET, IST DER JAHRESRING DICK. WENN EIN BAUM AUF EINMAL MEHR VOM WIND BELASTET WIRD, BAUT ER AUCH DICKERE JAHRESRINGE. DAS KANN PASSIEREN, WENN EIN PAAR NACHBARBÄUME UMGEFALLEN SIND, DIE IHN VORHER VOR DEM WIND BESCHÜTZT HABEN. VON AUßEN ZUR MITTE VOM BAUM VERLAUFEN DIE HOLZSTRAHLEN, MAN KANN SIE BEI EICHEN BESONDERS GUT SEHEN. WIR GUCKEN UNS JETZT MAL SO EIN PAAR JAHRESRINGE GENAUER AN.

Das ist ein Stück von einem Jahresring. Er besteht aus vielen kleinen Holzfasern. Die sind lang und dünn. Man kann sie sich wie einen Ligninschornstein vorstellen. Lignin ist sehr steif, fast wie ein Ziegelstein. Jeder Ligninschornstein ist gefüllt mit einem Zelluloseschlauch. Zellulose ist wie Nylon, biegsam, aber zerreißt nicht. Die Ligninschornsteine tragen den Druck, die Zelluloseschläuche tragen den Zug. So hat jeder was zu tun, Stupsi auch. Die Holzstrahlen sind genauso aufgebaut. Sie haben einen spindelförmigen Querschnitt.

Wenn man ein Loch in einen Baum bohrt, dann legt er seine Holzfasern auch spindelförmig um das Loch herum, weil der Kraftfluß auch spindelförmig um das Loch herumgelenkt wird. Stupsi zeigt mit seinen Händen die Spindelform. Die alten Holzfasern, die schon vor dem Bohrloch da waren, kann der Baum natürlich nicht mehr umlenken. Aber die neuen Holzfasern legt er nach der Bohrung in Spindelform.

HOLZSTRAHL JAHRESRING HOLZFASERN

Die Holzstrahlen kann man sich vorstellen wie Seile. Sie ziehen die Jahresringe mit ihren vielen Holzfasern zur Mitte zusammen. Das macht die Bäume steifer und fester. Dadurch kriegen die Bäume auch nicht so schnell Längsrisse. Bäume, die auch im Sturm fast nie kaputt gehen, haben dicke und viele Holzstrahlen, wie z.B. Platane und Eiche. Bäume, die schon bei weniger Wind brechen, haben dünnere Holzstrahlen. Zu diesen gefährlichen Bäumen gehören die Pappeln.

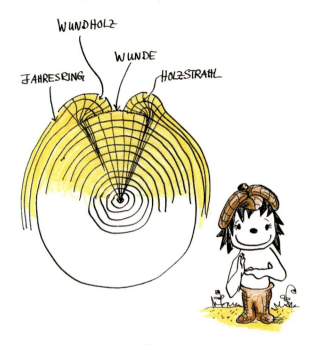 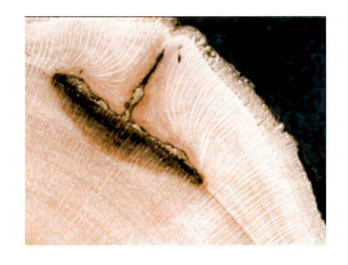

Auch wenn die Jahresringe nicht aussehen wie Kreise, stehen die Holzstrahlen immer senkrecht auf den Jahresringen, so wie Stupsis Hände senkrecht aufeinander stehen. Selbst wenn Wundholz von beiden Seiten eine alte Wunde überwallt und die Jahresringe sich richtig einrollen, selbst dann stehen die Holzstrahlen in etwa senkrecht auf diesen eingerollten Jahresringen. Sie ziehen so das Wundholz gegen den Stamm.

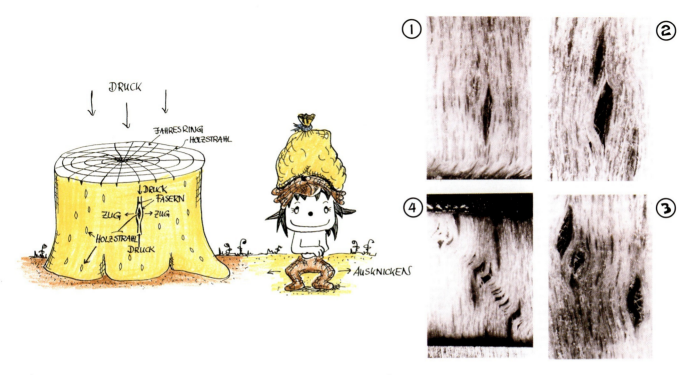

Wenn Stupsi einen schweren Sack auf dem Kopf hat, dann knicken ihm die Knie aus. Genauso können die Holzfasern ausknicken, die um die Holzstrahlen herumgelenkt werden. Auch hier werden die Holzstrahlen zu Rissen. Das Foto zeigt unter dem Mikroskop, wie in zerdrücktem Buchenholz die Holzstrahlen zu immer größeren Rissen werden.

Jeder von den Millionen Holzstrahlspindeln wird zu einem Riß, wenn er in Jahresringrichtung gezogen wird. Aber der Baum ist sehr schlau: Er drückt die Holzstrahlen seitlich zusammen, damit sie nicht zu Rissen werden. Stupsi zeigt durch einen Sägeschnitt, wie diese Wachstumsspannungen sogar seine Säge einquetschen. Er kriegt sie schließlich gar nicht mehr heraus. So sehr drücken die Bäume ihre Holzstrahlen in Jahresringrichtung zusammen, damit sie nicht zu Rissen werden.

Wenn Stupsi drei Tage wartet, ist das Holz ein bißchen getrocknet, und er kann seine Säge wieder herausziehen. Auch haben sich unheimlich viele Trockenrisse gebildet. Und lustig ist: Alle verlaufen entlang der Holzstrahlen! Damit hat Stupsi bewiesen, daß die Holzstrahlen schlafende Risse sind. Das heißt, wenn sie quer zu ihrer Spindelform gezogen werden, werden sie zu wirklichen Rissen. Die Holzstrahlen sind also sehr gut für den Baum und halten die Holzfasern zusammen, aber sie können zu Rissen werden, wenn der Baum nicht genug Wasser hat.

Die Zugspannungen auf der Baumoberfläche, die der grüne Baum selber erzeugt, sind sehr wichtig. Wenn nämlich Sturm kommt, dann können die Fasern durch den Biegedruck leicht knicken. Holz kann nicht viel Druck vertragen. Darum macht der Baum selber Zugspannungen auf der Baumoberfläche. Und die ziehen dann die Stauchfalten vom Winddruck wieder glatt. Stupsi macht es vor, wie man durch Zug die Stauchfalten wieder gerade zieht. In der Mitte hat der Baum Druckspannungen in Längsrichtung.

Auf der Baumoberfläche erzeugen die Bäume auch Zugspannungen. Wie der obere Stupsi im Bild ziehen die Bäume ihre eigenen Holzfasern lang, damit sie nicht so schnell ausknicken, wenn der Wind sie auf Druck belastet. Die beiden seitlichen Stupsis zeigen, wie der Baum die Holzstrahlen seitlich zusammendrückt, damit das obere und untere Ende von der Holzstrahlspindelform nicht zur Rißspitze wird, und das Holz nicht längs des Holzstrahles aufreißt wie trockenes Holz. Solche Spannungen heißen Wachstumsspannungen. Sie helfen dem Baum, nicht zu brechen. Bauholz hat keine Wachstumsspannungen.

Wegen der Wachstumsspannungen in Längsrichtung wölbt sich die Sägeschnittfläche nach außen, wenn die Holzfäller einen Baumstamm quer durchsägen. Manchmal kann dann sogar ein Riß in den schönen Holzstamm reinlaufen. Dann kann man weniger aus ihm bauen. Diese Risse kann man sich so vorstellen, als wenn Stupsis Seil zwischen seinen Füßen reißt. Die Förster nennen solche Risse auch Hirnrisse.

Die Holzstrahlseile verbinden aber auch das Holz vom Stamm mit dem vom Ast. Stupsi stellt es sich vor wie Nägel. Natürlich keine richtigen Nägel, die dem Baum weh tun. Es sind eher steife Seile, die den Ast am Stamm festbinden. Stupsi kann daher beruhigt unter dem Ast mit den dicken Holzstrahlen spielen.

Ein schiefer Baum hat auf seiner Unterseite im Holz dicke Ligninschornsteine, auf denen der Baum sich aufstützt wie Stupsi auf seinem Stock. Auf der Oberseite haben schiefe Bäume viele Zelluloseschläuche im Holz, an denen sie sich festhalten wie Stupsi an seinem Seil. Auch Äste haben auf der Oberseite Zelluloseschläuche und auf der Astunterseite die Ligninschornsteine für den Druck. Äste sind eigentlich so was ähnliches wie schiefe Bäume.

Die Äste der Bäume können schwere Lasten tragen, genau wie Stupsi. Das müssen sie auch, denn manchmal liegen schwere Schneelasten auf ihnen, manchmal sogar Eiszapfen. Auch ihr eigenes Gewicht zieht sie immer nach unten. Das ist wie ein Krafttraining. Auf der Astunterseite haben die Äste dicke Ligninschornsteine und auf der Oberseite dicke Zelluloseschläuche.

Wenn der Wind unter einen Ast fährt und ihn hochbiegt, dann bricht er leichter ab, als wenn man ihn nach unten biegt. Die Äste sind nämlich durch ihr Gewicht darauf trainiert, daß sie nach unten gebogen werden. Und wenn sie nun durch den Wind auf einmal nach oben gebogen werden, können sie brechen. Bäume, die immer viel Wind abkriegen, haben manchmal auf der Windseite gar keine Äste mehr. Stupsi macht es vor, wie die Äste sich biegen.

Manche Pilze machen die Zelluloseschläuche kaputt. So was nennt man Braunfäule. Da bleibt nur ein Gerüst aus den harten Ligninschornsteinen zurück. Wenn man ein solches Stück Holz auf den Boden wirft, zerspringt es wie ein Zwieback oder ein Teller. Bäume mit Braunfäule verhalten sich wie ein harter, spröder Zwieback.

Wenn ein Baum mit einer Braunfäule umfällt, dann sieht seine Bruchfläche meist aus wie ein Stein oder Zwieback, genauso wie der Ziegelstein von Stupsi. Er hat auch eine steinharte Oberfläche, und man sieht keine Fasern. So bricht ein Zwiebackbaum. Eine andere Fäule, die sowas macht, heißt Moderfäule.

 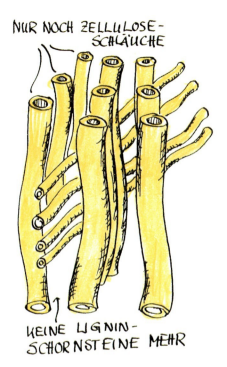 

ANDERE PILZE MACHEN DAS GEGENTEIL, SIE MACHEN NUR DIE LIGNINSCHORNSTEINE KAPUTT UND LASSEN DIE ZELLULOSESCHLÄUCHE STEHEN. DIESE HOLZFÄULE MACHT DAS HOLZ WEICH UND ZÄH WIE DIE SEMMEL, VON DER STUPSI GERADE ABBEIßT. DIESE HOLZFÄULE IST EINE ART DER WEIßFÄULE. SIE MACHT DIE BÄUME ZU EINER WEICHEN, ZÄHEN SEMMEL. MANCHMAL KRIEGEN DIE BÄUME STAUCHFALTEN.

Wenn ein Baum von Weißfäulepilzen kaputt gemacht wird, die zuerst nur die Ligninschornsteine abbauen, dann sieht die Bruchfläche ganz zerfasert aus, fast wie ein Seil, bei dem der Knoten aufgegangen ist. Die einzelnen Fasern sind weich wie ein Brotteig, aber zäh wie Leder. Stupsi zeigt, wie sehr man sie biegen kann. Solche Semmelbäume sind meist nicht so gefährlich wie Zwiebackbäume, weil sie dick werden, ehe sie umfallen. So kann man sehen, daß sie krank sind.

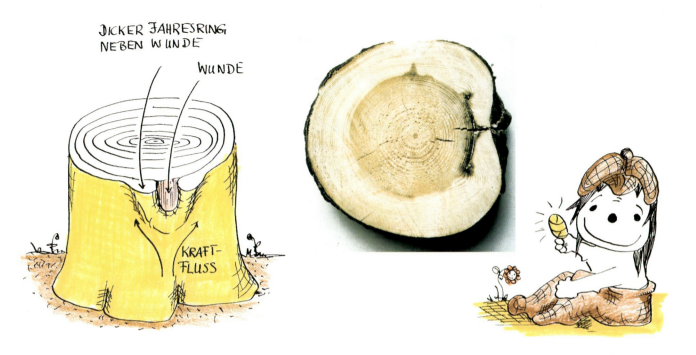

Wenn Stupsi sich den Daumen verletzt hat, macht er sich einen Verband darüber. Wenn ein Baum verletzt wurde, baut er neben der Wunde einen dickeren Jahresring. Die Wachstumsschicht unter dem Bast mißt nämlich ganz genau, wo der Baum hohe Belastungen hat, wo ihm was weh tut. Und dort wird ein dickerer Jahresring gemacht. So erzählen die Bäume mit ihren Jahresringen, was sie so alles erlebt haben.

Wenn wir auf einem spitzen Stein sitzen, tut es uns weh, und wir schieben uns ein Kissen unter. Bäume haben zwar keine Kissen mit so schönen Punkten wie Stupsi seines, aber sie können selber ein Kissen wachsen lassen. Das dauert aber viele Jahre.

Wenn ein Wegschild richtig an einem Baum festgemacht ist, dann kommt es oft vor, daß der Baum das Schild auffrißt. Natürlich ißt er es nicht richtig, es sieht aber so aus. Stupsi sagt, daß der Baum von hinten gegen das Schild drückt, und wenn die Nägel oder Schrauben nicht herausrutschen, dann muß er halt um das Schild herumwachsen. Schließlich nach 10 bis 20 Jahren sieht man das Schild überhaupt nicht mehr. Meist ist aber der Baum dort etwas dicker, wo er das Schild verschluckt hat, erklärt Stupsi.

Manchmal stupsen sich zwei Bäume immer öfter an. Dann wachsen sie dort dicker, und dann sieht es aus, als wenn sie sich küssen. Das kann bei Bäumen viele Jahre dauern – hihi. Manchmal wachsen sie dann auch richtig zusammen und füttern sich gegenseitig mit Wasser und Zucker – hmmm.

Wenn ein Baum mit seinem Ast am Stamm von einem anderen reibt, so wie Stupsi mit seinem Arm, dann können sie miteinander verwachsen. Das heißt auch Baumverschweißung. Lustig ist, daß die Stämme unter der Astverbindung dünn bleiben und oben dicker werden. Das liegt daran, daß der Ast aus den zwei Bäumen einen Rahmen macht wie beim Fahrrad. So helfen sich die beiden Stämme unter der Astbrücke, die Lasten des Windes zu tragen. Sie brauchen nicht dick zu sein.

Dieser Baum ist nach dem Pflanzen zu lange durch Stöcke gestützt worden. Da wo die Stöcke ihm geholfen haben, ist er selber nicht mehr so schnell gewachsen. Über den Stöcken mußte er alleine stark genug sein. Daher wuchs er dort besonders stark zu. Genauso war es auch bei den zwei verwachsenen Bäumen über der Astverbindung. Wenn man so einen verwöhnten Baum plötzlich losbindet, kann er sehr leicht brechen. Meist bricht er an der Stelle, wo er angebunden war.

Wenn ein Baum zu tief gepflanzt wird, ersticken seine Wurzeln. Manchmal versucht er noch Wurzeln nach oben zu schicken, aber oft ist es schon zu spät.

Dagegen ist ein richtig gepflanzter Baum bald stark wie ein Gewichtheber – stark wie Stupsi!

STUPSI HAT EIN PAAR BÜCHER GELESEN, DIE IHM GEFALLEN HABEN UND DIE SEINE EIGENEN ERFAHRUNGEN MIT BÄUMEN BESTÄTIGEN:

C. MATTHECK
DESIGN IN DER NATUR – DER BAUM ALS LEHRMEISTER
ROMBACH VERLAG, 3. AUFLAGE, FREIBURG 1997

C. MATTHECK, H.-J. HÖTZEL
BAUMKONTROLLEN MIT VTA
ROMBACH VERLAG, FREIBURG 1997

C. MATTHECK, H. KUBLER
WOOD – THE INTERNAL OPTIMIZATION OF TREES
SPRINGER VERLAG, 2. AUFLAGE, HEIDELBERG 1997

F. SCHWARZE, J. ENGELS, C. MATTHECK
HOLZZERSETZENDE PILZE IN BÄUMEN
ROMBACH VERLAG, FREIBURG 1999

A. SHIGO
MODERNE BAUMPFLEGE
THALACKER VERLAG, BRAUNSCHWEIG 1990

A. SHIGO
DIE NEUE BAUMBIOLOGIE
THALACKER VERLAG, BRAUNSCHWEIG 1990

STUPSI ZEIGT, WIE MAN BÜCHER AUCH ZUM AUSRUHEN VERWENDEN KANN.

So, wir haben nun viel über Bäume nachgedacht und alles studiert, was Bäume so machen. Dabei wollen wir aber nicht vergessen, wie schön und gemütlich es auf und unter Bäumen ist, und wie schön man sich unter ihnen ausruhen kann.

Wenn man mal richtig traurig ist, setzt man sich am besten unter einen alten Baum und redet mit ihm. Stupsi macht es genauso. Das hilft, das heilt, das tut gut! Probier's!!!

STUPSI DANKT ALLEN FREUNDEN, DIE MIT IHREN FOTOS DAS BUCH SCHÖNER GEMACHT UND BEREICHERT HABEN!

STIMMTS, DIE BÄUME SIND DOCH EINE FEINE SACHE, UND SIE SIND UNSERE FREUNDE. DARUM MÜSSEN WIR GUT AUF SIE AUFPASSEN!

EUER STUPSI!

Anfragen wegen Seminaren über die Körpersprache der Bäume beantwortet Stupsi's Telefonservice:

Erika Koch
Tel.: 0711-715 7564
Fax.: 0711-715 6410
Handy.: 0171-5235477

Wir helfen gerne!

Wer die Körpersprache der Bäume verstehen will, dem wird es mit diesem in der Sprache eines Kindes geschriebenen Büchlein denkbar leicht gemacht. Auf Beweisführungen verzichtet der Autor zugunsten der Einfachheit. Wissenschaftlich strenge Abhandlungen finden sich in seinen anderen Büchern.
Die reizenden Zeichnungen aus der Feder des Autors sprechen Geist und Herz gleichermaßen an und werden neue Bande knüpfen zwischen Bäumen und Menschen einerseits und den Baumfreunden untereinander andererseits.

Prof. Dr. D. Eckstein
Ordinariat für Holzbiologie
Universität Hamburg

Die vom Autor Prof. Mattheck entwickelte neue Sicht zur Biomechanik der Bäume stellt einen völlig neuen Zugang zum Individuum Baum dar. Es wurde möglich, viele Phänomene von Wachstum, Schäden und Behandlungsmöglichkeiten durch mechanische Gesetze zu erklären. Nun ist es nicht leicht, solche komplexen, vielfach nur durch mathematische Formeln exakt herleitbaren Erkenntnisse nicht nur dem in der Praxis mit Bäumen beschäftigten Gärtner, Baumpfleger oder Forstmann, sondern auch zugleich einem breiten Publikum verständlich und anschaulich zu machen. Mit dem vorliegenden Buch hat Herr Mattheck einen gewagten, aber sehr originellen Ansatz unternommen, hohe Wissenschaft leicht verständlich zu machen. Dem lederbemützten Igel Stupsi ist daher eine weite Verbreitung zu wünschen. Es wäre zu hoffen, daß das Buch nicht nur bei fachlich Interessierten, sondern auch bei allen täglich Bäumen begegnenden Mitmenschen Interesse findet und so zu manchen Gesprächen auch in den Familien über den Baum zum Wohle unserer Umwelt führen mag.

Prof. Dr. S. Fink
Institut für Forstbotanik und Baumphysiologie
Universität Freiburg

Raus mit der Forschung aus dem Elfenbeinturm! Das könnte der Leitsatz des Biomechanikers Mattheck gewesen sein, als er in Cartoonmanier dieses kleine Lehrbuch über die Körpersprache und den Umgang mit Bäumen schrieb. Die wissenschaftliche Veröffentlichung alten Stiles kommt meist nur über viele Zwischenstufen einer breiten Öffentlichkeit zur Kenntnis - wenn überhaupt. Hier wird mit Erfolg der Versuch gemacht, neue wissenschaftliche Erkenntnisse direkt und in lustiger Verpackung einer breiten Leserschaft mitzuteilen. Wenn man eine Botschaft mitzuteilen hat, ist jedes Mittel recht - Hauptsache der Inhalt stimmt!

Prof. Dr. W. Nachtigall
Institut für Biologie
Universität des Saarlandes

Viele Menschen würden nie ein Buch über Biomechanik kaufen, verständlicherweise, denn das tönt nach komplizierter Wissenschaft. Claus Mattheck reißt mit seinem liebenswerten Büchlein die Barriere zur trockenen Wissenschaft herunter. In einer Unbefangenheit ohnegleichen schickt der Physiker und Zeichner Mattheck seinen Igel Stupsi zu den Bäumen. Sie erzählen ihm in einfachster Form die Geheimnisse der Baumstabilität. Die fröhlichen Zeichnungen werden auch zu Beginn einer Vorlesung über Baumbiologie manchen Studenten und manche Studentin munter machen zur Aufnahme komplizierterer Sachverhalte.

Prof. Dr. F. H. Schweingruber
WSL, Birmensdorf, Schweiz